天皇を仰ぐ

――平成の御代《みよ》から、新たな御代・令和へ

松浦 光修

はしがき

この冊子は、『谷口雅春先生を学ぶ』誌に、「平成の御代《みよ》から、新たな御代へ」と題して、平成三十年十二月号から令和元年九月号まで、十回にわたって連載した私の文章をまとめたものです。まとめるにあたっては、若干の増補・修正を加えましたが、基本的には、連載時のままです。

谷口雅春先生の思想にも「谷口雅春先生を学ぶ会」にも、不案内の私ですが、僭越《せんえつ》ながら「皇国《こうこく》護持《ごじ》」という志《こころざし》の点では、完全に一致しているのではないか、と思っています。「谷口雅春先生を学ぶ会」の方々には、そのような門外漢の私の文章を、連載というかたちで、掲載いただいたのみならず、こうして冊子にまでしてくださったことに、深く感謝するしだいです。

今、わが国は、内にも外にも、無数の難題をかかえています。「国難迫る秋《とき》」と言っても過言ではないでしょう。しかし、そのような「国難迫る秋」であるからこそ、私たちは、「皇国護持」の「心の柱」を、あらためてしっかりと立てなければならないはずです。この小冊子が、そのような「心の柱」を立てるため、いささかでも皆さまのお役に立つのであれば、それにまさる私の幸いはありません。

令和五年四月二十三日　伊勢市にて

松浦光修

目次

わが国は「皇国」である

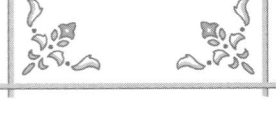

「平成の御代《みよ》」が、一月から十二月までの完全なかたちでつづくのは、今年（平成三十年）が最後です。来年の四月で、「平成」という時代は終わり、近代日本史上はじめてのこととなる御譲位《ごじょうい》ののち、新帝の践祚《せんそ》、新元号の発布、即位式、大嘗祭《だいじょうさい》など、わが国の根幹である皇室の……さらにその根幹である重要な儀式や祭礼が、たてつづけに進行することになります。

わが国にとって、そして私たちにとって、きわめて重要な〝時代の節目〟が、今、目前に迫《せま》ってきています。本誌の編集部から私に「平成の御代」に関する原稿の御依頼があったのは、たぶんそうした〝時代の節目〟にあたって、あらためて今上陛下《きんじょうへいか》の御聖徳《ごせいとく》をふりかえり、さらには新しい御代へ向かって、私どもの皇室に対する心構えを新たにしたい……との思いが、おありになったからでしょう。

そこで私は、あくまでも私なりに「平成の御代」と「新しい御代」について、そして、皇室の御存在そのものについて、これから私の思うところを、いろいろと書いていきたいと思います。あるいは話が、あちらこちらへと飛ぶかもしれませんが、その時は、どうか御容赦《ごようしゃ》ください。

さて、私が、もしも誰かから、「日本とは何か?」と問われれば、私は、すぐにこう答えるでしょう。「天皇の国」と……。

もちろん、その一言を解説しようとすれば、千万言をついやしても足りないのですが、あえて一言に要約すれば、やはりそう言うしかありません。

しかし、そう言うと、今の世間では、私が何か変わったことを言っている……と思う人も少なくないでしょう。残念な時代ですが、わが国では古代から、それが自国に対する〝ふつうの認識〟だったのです。いわば〝常識〟なのですが、その〝常識〟を、もしも「非常識」と思う人がいるのなら、そういう人の方が、長い目で見れば、じつは日本人としては「非常識な人」というほかありません。

江戸時代の大学者に、本居宣長《もとおりのりなが》(一七三〇―一八〇一)という人がいます。正確にいうと、宣長は、じつは〝江戸時代の大学者〟というにとどまる人ではありません。

宣長は現代の学者から、「学者としては最上級の、ほとんど不世出《ふせいしゅつ》の天才」(城福勇『本居宣長』)と評されています。つまり、わが国がはじまってから、遠い未来にいたるまで、もう二度と宣長のような「天才」はあらわれないであろう……とまで言われている大学者なのです。

その宣長ですが、今の学校の教科書などでは、例外なく「国学者」と書かれています。しかし、じつは宣長自身が、「国学」という言葉を嫌っていたことは、あまり知られていません。宣長は、自分が生涯をかけた学問が、「国学」、「和学」などと呼ばれていることについて、こう書いています。


「そは、いたくわろきいひざまなり」(『うひ山ぶみ』)

なぜ「わろきいひざま」なのか、というと、〝私がやっている学問は、日本人が日本の研究しているのであるから、少なくとも日本においては、本来、ただ「学問」とのみ呼ぶべきである〟という理由からです。たとえば、日本人が外国の研究をするなら、その国名をつけた学問の名称になるでしょう。

シナの学問の研究をするなら「漢学」、オランダの学問の研究をするなら、「蘭学《らんがく》」です。一方、シナ人が「学問」といえば「漢学」を意味し、オランダ人が「学問」といえば「蘭学」を意味するでしょうから、日本人が「学問」といえば、自分がやっているような学問のことを意味する……それが論理的にも当然ではないか、というわけです。

宣長が問うているのは、「あなたは、どこの国の人なのか?」ということでしょう。わが国の言葉を外国人なら、「日本語」と言い、日本人なら「国語」という……それと同じことで、同じものを指すにしても、人は〝立ち位置〟によって、呼び方が変わるし、また、変えなければならないのです。

宣長の主張は、まことに筋が通っていますが、江戸時代には、一般に「学問」といえば、「漢学」を意味していました。ですから、もしも宣長の意見に賛成する人がいて……、わが国を研究することを「学問」と言ってみても、そのような認識など、当時の人々にはありませんから、「ああ……漢学のことですね」と誤解されてしまうのがオチだったでしょう。そういう誤解をさけるため、やむをえず何か別の言い方はないものか……と考えた時、〝これならよかろう〟と宣長が認める唯一の言葉がありました。それが、「皇朝学《こうちょうがく》」です。

「皇朝《こうちょう》」とは、「皇国《こうこく》」と同じ意味です。つまり、「天皇の国の学問」で、「皇朝学」です。今（平成三十年）、私の勤務している大学は、「皇學館大学」といいます。ですから、「皇學館大学」の意味は、「皇朝学（皇国学）を学ぶ館（施設）」ということになります。

宣長たちの活躍もあって、「わが国は天皇の国」という認識が、あらためて世間に広がり、やがて時代は、「明治」を迎えます。明治三年、福井藩からの招《まね》きで、わが国をおとずれたグリフィスという人がいますが、グリフィスは、のちに日本での体験をまとめて、本にしています。

その書名は『The Mikado's Empire（ザ・ミカドズ・エンパイア）』です。もちろん英語の本なのですが、その原本の表紙には、堂々と漢字で「皇国」と書かれています。

「日本とは、皇国である」ということは、もちろん現在の世界でも、わかっている人は、よくわかっています。天皇陛下が、現在の国際社会でも、けっして「キング」ではなく、かならず「エンペラー」と呼ばれていることが、その証拠でしょう（どうしても、そう呼びたくないという、おかしな態度の国も、世界には二〜三ありますが……）。

思い起こせば、西暦の十九世紀から二十世紀にかけて、まだ世界には「皇帝」と呼ばれている人々が、たくさんいました。けれども、明治三年（一八七〇）には、フランスから「皇帝」がいなくなり、大正元年（一九一二）には清国《しんこく》から、大正六年（一九一七）にはロシアから、大正七年（一九一八）には、オーストリア・ハンガリーから、いずれも「皇帝」がいなくなります。

わが国の天皇陛下を除いて、最後まで残っていた「皇帝」は、エチオピアの「皇帝」で、その血統は古く『旧約聖書』の「シバの女王」にまでさかのぼる……といわれていました。その「最後の皇帝」となるハイレ・セラシェは、親日家としても知られていて、昭和天皇とも親交を結ばれていたのですが、とうとうエチオピアでも「革命」がおこり、昭和四十九年（一九七四）、ハイレ・セラシェは「退位」させられ、エチオピアも「帝国」ではなくなります。

こうして以後、天皇陛下は世界で「皇帝」と呼ばれる、唯一の御存在になられました。別の角度から言えば、天皇陛下は、たったお一人で、今も〝人類の歴史〟を背負われつづけている……ともいえるでしょう。

しかも、天皇陛下は、ただの「皇帝」ではありません。外国の「皇帝」たちとは、そのご存在の基本的な性格が、まったくちがうのです。何がちがうのか？　第一に「天皇だけが、神々の子孫であり、今も先祖の神々を祭りつづけている」という点です。

〝神さまの子孫〟としての天皇

天皇陛下は、外国の「王」や「皇帝」とは、そのご存在の基本的な性格が、まったくちがいます。どこがちがうのか、といえば、天皇陛下だけが「神さまの子孫であり、今も先祖の神々を祭りつづけていらっしゃる」という点にあります。

しかし、「神さまの子孫」とか、「神さまを祭る」といっても、今の世のなかでは、それらのことを、すんなりと理解してくださる方は、それほど多くないでしょう。しかし、それらのことがわからないと、そもそも皇室の本質がわかりません。

皇室の本質がわからない……ということは、つまり日本の本質がわからないということであり、ひいては、日本人である自分が、〝何ものであるのか〟ということもわからない、ということになります。〝せっかく日本人に生まれたのに、それではもったいないのでは……〟と、私などは思うのです。

そういえば、去る平成二十五年は、伊勢神宮の式年遷宮《しきねんせんぐう》の年でした。さまざまなメディアで、さまざまな角度から伊勢神宮がとりあげられましたが、どのメディアも、ある一点では、恐ろしいくらい〝同一歩調〟をとっていました。

伊勢神宮にお祭りされている神さまがアマテラス大神《おおみかみ》である……というところまでは、どのメディアも〝同一歩調〟で伝えます。しかし、そのアマテラス大神《おおみかみ》が、天皇陛下の御先祖である……ということだけは、どのメディアも、けっして伝えず、その点、みごとに〝同一歩調〟をとっていたのです。

そのころ私の知人が、伊勢神宮について、テレビのインタビューを受け、いろいろなことを語ったそうですが、アマテラス大神《おおみかみ》は天皇陛下の御先祖の神さまである……と語った部分だけは、なぜか放送のさいカットされていたそうです。昭和二十年から二十七年まで、日本を占領したGHQ(連合国軍最高司令官総司令部)は、天皇陛下は神さまの子孫であるということを絶対に言わせないよう……、また書かせないよう、厳しい言論統制を行いましたが、日本のメディアでは、いまだにその種の「言論統制」が、〝見えないかたち〟でつづいているのです。

しかし、世界史的に見ると、古代ではどの地域でも、〝君主の先祖が神さま〟というのは〝ごく、あたりまえのこと〟でした。たとえば、紀元前千二百年ころ、ギリシャにアガメムノンという王様がいました。「トロイ戦争」に勝ったことで知られる王ですが、この王の先祖は、ゼウスという神さまです。古代ローマの初期の王たちも、「エピテール」という神さまの子孫でした。

同じことは、古代のアングロ・サクソン民族も同じです。七世紀に栄えた古代イギリスのノーサンブリア王朝の系図をさかのぼっていくと、ゲルマン神話の神さま「オーディン」にゆきつきます。エジプトのファラオは、太陽の神さま「ラー」の子孫でしたし、インカ帝国の王の先祖も、モンゴルのジンギスカンの先祖も、いずれも神さまです。

「氏族」の先祖が神さまである……ということは、古代では、〝ごく、あたりまえ〟のことだったのですが、諸外国のそのような「君主制」は、とうの昔に、すべて滅びています。一方、わが国では、皇室をはじめとして、〝先祖が神さま〟という方々が、じつは今も、たくさんいらっしゃるのです。

私は、平成三十年の六月、「出雲《いずも》の国造《こくぞう》さま」にお会いしましたが、その方の先祖は、「天稲日《あめのほひの》命《みこと》」です。「天稲日命《あめのほひのみこと》」は、わが国の「神代《かみよ》の物語」によると、アマテラス大神《おおみかみ》とスサノヲの命《みこと》の「誓約《うけひ》」でお生まれになった神です。

また、私が大学院生のころ……ですから、今から三十数年も昔のことになりますが、私のいた下宿屋の一室に、「海部《あまべ》くん」という後輩がいました。京都府の籠《この》神社の社家の出身で、先祖は「天《あめ》の火明《ほあかり》の命《みこと》」です。

九世紀に作成された家系図が残っていて、それは、現存する日本最古の系図の一つとして、よく知られており、国宝にも指定されています。ちなみに、「海部くん」の先祖の「天《あめ》の火明《ほあかり》の命《みこと》」ですが、その神さまは、アマテラス大神《おおみかみ》の子であるオシホミミの命《みこと》の子で、天孫降臨《てんそんこうりん》で知られるニニギの命《みこと》の兄にあたる神です。

そのように、皇室以外にも「神代《かみよ》から血筋がつづいている家」が、わが国では、今も複数あります。まことに日本は、〝奇蹟の国〟です。

そのような〝事実〟をもととして、いろいろと考えをめぐらしていくと、江戸時代の皇学(国学)者・平田篤胤《ひらたあつたね》が、『古道大意』という本のなかで、こう書いているのも、ある意味、納得できます。

「代々の天皇のお子さまたちが、『平《たいら》』とか『源《みなもと》』とかいう姓をもらって、家臣になられ、その家臣たちの子孫が、どんどん繁栄して、とうとう今の私たちになったわけですから、日本は、ほんとうに神さまの国なのではないでしょうか。そして、なんと、この私たちも、ほんとうに神さまの子孫なのではないでしょうか」(現代語訳は、筆者)

要するに〝日本人は、すべて神さまの子孫である〟と言っているのです。すべての国民が「神さまの子孫」であるなら、皇室は、そのような国民の〝総本家〟ということになります。

ですから、外国の君主と国民は、〝支配者〟と〝被支配者〟の関係でしょうが、わが国の君主と国民は、〝本家の当主〟と〝分家の人々〟という関係になります。つまり、わが国では、君主と国民の関係そのものの性質が、まったくちがうわけで、それは、一言で言えば「国体《こくたい》」がちがう……ということになるでしょう。

「神さまの子孫」ということについてお話ししましたから、次は「神さまを祭る」ということについてお話しします。「マツル」というと、今は御神輿《おみこし》や屋台の出る「祭り」を想像しがちですが、もともとは、神々への厳粛な〝祈り〟のことをいいます。人々が神々を「マツル」さい、中心になる人が「祭り主《ぬし》」です。神社で祈願をする時、もしも複数の神職さんがいらっしゃったら、その中心になる方が「祭り主」です。

「祭り主」の〝つとめ〟とは何でしょう。一言で言えば、「神」と「人」を〝つなぐこと〟です。

そのことについて、私が想起するのは、渡部昇一先生のお言葉です。渡部先生は、平成二十九年四月にお亡くなりになりましたが、私は、平成十八年に「チャンネル桜」の「大道無門」という番組で、対談をさせていただいたことがあり、そのさい、こういうことをおっしゃっていました。

カトリックでは「大司祭」のことを、ラテン語で「コンテファクス・マグヌス」といい、それは、もとは「橋をつくる人」という意味……なのだそうです。その「橋」とは、つまり〝神と人〟、〝死者と生者〟、〝あの世とこの世〟などをつなぐ、霊的な「橋」でしょう。

そういえば、神道《しんとう》でも、神職のことを「仲とりもち」といいます。それは〝神と人〟、〝死者と生者〟、〝あの世とこの世〟の、「仲」を「とりもつ」という意味と考えられ、とすれば……、じつは二つの聖職者の名称の意味は、洋の東西を超えて、ほぼ同じものではないか、と考えられます。

「神職」は、「祭り主」のもと、今も全国で、さまざまな〝神〟と、さまざまな〝人〟の「仲」を、さまざまな〝かたち〟でとりもっています。さて……、それでは、それらの「祭り主」のなかの、最高位の「祭り主」とは、どなたでしょうか？

私は、それが天皇陛下である、と考えています。つまり、天皇陛下とは、世界最高位の「仲とりもち」である……と、私は思うのです。

「皇室は祈りでありたい」

「神」と「人」の「仲とりもち」をされる方々のなかでも、天皇陛下は世界最高位の方です。それでは、その「仲とりもち」をする方法とは、何でしょう。

いうまでもなく、それは「祈ること」です。平成二年、当時の紀宮《のりのみや》内親王殿下（現在は、黒田清《さや》子《こ》さま）は、こういうことをおっしゃっています。

「以前、元東宮大夫《とうぐうだいぶ》が記した記事のなかで、皇后さまがおっしゃっておいででした『皇室は祈りでありたい』という言葉を、よく思いだします」（平成二年四月十六日・お誕生日の記者会見でのお言葉）

「皇室は祈りでありたい」というお言葉には、皇室の本質が、まことに的確に表現されています。

ですから、天皇陛下は日々、じつに驚くほどの数と量のお仕事をなされていますが、それらのなかで、もっとも重要なお仕事とは何か……といえば、それはまちがいなく「祈ること」なのです。

そのことは、神武《じんむ》天皇の御代《みよ》から今の御代にいたるまで、まったく変わりません。神武天皇の「祈り」について、『日本書紀』には、こう記録されています。

「もろもろの神たちを祭り、ついに天の下を、安定《しず》むることを、えたまう」（巻三）

そのような「祈り」の伝統は、もちろん平安時代も変わることなくつづいています。第五十九代・宇多《うだ》天皇（八六七―九三一）の御代には、御所のなかに「石灰壇《いしばいのだん》」という場所がありました。土を盛り上げて漆喰《しっくい》でかためた場所です。そこで陛下は、「祈り」をささげられていたのです。

宇多天皇は、こう書かれています。

「わが国は神国です。ですから毎朝、四方の大・中・小の天の神々、地の神々を拝むのです。そのことは、今日からはじめて、以後、一日も怠《おこた》りません」（『宇多天皇御記（寛平御記）』／現代語訳は松浦）

それにしても、「石灰壇《いしばいのだん》」という不思議な場所が、なぜ御所のなかにつくられたのでしょうか。それは、古代の〝祈りのかたち〟を、平安時代にも生かすためではなかったか、と思われます。

古代の人々は、大地の上に正座して、神々に祈りをささげていました。今も沖縄には、参拝者が座って祈りをささげられるよう、特別な場所を設けている神社が多くありますが、それは、たぶん沖縄には、わが国の古代の〝祈りのかたち〟が、まだ残っているからでしょう。（なお、正座して神々に祈りをささげることを「坐礼《ざれい》」といい、立って神々に祈りをささげることを「立礼《りゅうれい》」といいます）

時代はくだり、鎌倉時代になっても、「祈ること」を、もっとも大切なこととされる天皇陛下の御姿勢は、まったく変わりません。第八十四代の順徳《じゅんとく》天皇は、こうお書きになっています。

「皇居で行うことのすべてのうちで、神々を祭ることこそが、まず先であり、その他のことは、すべてそのあと行うものです。天皇たるもの、朝から晩まで、神を敬《うやま》うことを怠《なま》けてはなりません」

（『禁秘抄《きんぴしょう》』／現代語訳は松浦）

そのような「祈り」は、明治までつづき、明治からあとは、皇居内の「宮中三殿」（賢所《かしこどころ》・皇霊《こうれい》殿《でん》・神殿《しんでん》）への「毎朝御代拝《まいちょうごだいはい》」というかたちで、今もつづいています。ですから、皇后陛下の「皇室は祈りでありたい」というお言葉は、まさに一言で皇室の本質をあらわした、すばらしいお言葉なのです。

それでは、その「祈り」の〝内容〟とは、どういうものなのでしょうか？　それは、昭和《しょうわ》天皇の次の御製《ぎょせい》から拝察できます。

「我《わ》が庭の　宮居《みやい》に祭る　神々に　世の平《たい》らぎを　いのる朝々」（昭和五十年）

「宮居《みやい》」というのは、「宮中三殿」のことです。ちなみに「賢所《かしこどころ》」は、アマテラス大神《おおみかみ》を祭る御殿で、「皇霊殿《こうれいでん》」は、御歴代の天皇の御神霊《ごしんれい》をお祭りしている御殿で、「神殿《しんでん》」は、わが国の神々をお祭りしている御殿です。

天皇陛下は、そこで「世の平《たい》らぎ」を、「朝々」……つまり毎朝、お祈りされています。神々の御子孫である天皇陛下が、アマテラス大神《おおみかみ》に……その他の神々に……御歴代の天皇の御魂《みたま》に「世の中が穏《おだ》やかでありますように、国民が安らかに暮らせますように……」と、毎朝、欠かさず祈ってくださっているのです。

これほど、わが国の国民が知っておくべき、大切なことはありません。ところが、今の日本国民の、どれくらいの人々が、そのことを知っているでしょう。

学校もマスコミも、そのことを、ほぼ伝えません。学校教育にいたっては、今も全国的に「日教組教育」の色彩が強く残っていて、ひどい場合は、いまだに言語道断の「反天皇教育」を行っている地域や学校もあります。早急に是正すべきですが、是正するだけではたりません。むしろ今後は全国の学校で、先生たちが子供たちにこう伝えるべきです。「天皇陛下は、毎朝、私たち国民の幸せを祈ってくださっているんだよ」。

ただその一言でも学校で教えてくれる時代になったら……と、私は強く願っています。子供たちの心は敏感です。その一言が全国の子供たちの耳に入れば、きっと、わが国の人々の心は、ゆっくりとではあるでしょうが、確実によい方向に変わりはじめるでしょう。わが国の国民が、もともと持っている美しい心……正しい心……強い心が、その一言からよみがえりはじめる……と、私は信じてやみません。

さて……そのように、わが国は、初代・神武《じんむ》天皇より皇室の「祈り」とともにある国なのですが、そういうわが国の本質を、昭和二十年から六年八ヵ月の間、日本を占領統治したGHQは、根本から変えてしまおうとします。終戦の時、今上《きんじょう》陛下(上皇陛下)はまだ十一歳でいらっしゃいましたが、その占領統治の危険性を、すでに見抜いていらっしゃったようです。

そのころの今上陛下の「新日本の建設」と題する作文には、次のような文章が見えます。

「今は日本のどん底です。それに敵がどんなことを言ってくるか、わかりません。これからは、苦しいこと、つらいことが、どの位《くらい》あるかわかりません。どんなに苦しくなっても、このどん底から、はい上がらなければなりません。……それには、先生方、傅育官《ふいくかん》(註・御養育係りの役人)のいうことを、よく聞いて実行し、どんな苦しさにも、たえ忍《しの》んでいけるだけの、ねばり強さを養い、もっともっとしっかりして、明治《めいじ》天皇のように皆から仰《あお》がれるようになって、日本を導いていかなければならない、と思います」(木下道雄『側近日誌』)

私は、すでにこの時点で、今上《きんじょう》陛下は、「戦後」という時代に対する、ある意味「戦い」の御覚悟を固めていらっしゃったのではないか、とお見受けします。そして、その「戦い」の先頭に、まず自らが立つ……という御決意も固めていらっしゃったのではないでしょうか。

それでは、その陛下の「戦い」は、平成の御代《みよ》を通じて、どのような〝かたち〟でつづけられたのでしょう? それは、まずは幕末の孝明《こうめい》天皇と同じく、神々に「祈ること」であった、と思われます。ともすれば、現代人は「祈り」も「戦い」の一つの〝かたち〟であることを、忘れています。

しかし、「祈り」という〝かたち〟での「戦い」も、世の中にはあるのではないでしょうか。

そして陛下には、もう一つの「戦い」の〝かたち〟がありました。それは昭和《しょうわ》天皇の御巡幸《ごじゅんこう》と同じく、国民のかたわらに「寄り添うこと」です。

それでは、これから、そのことについて、今上陛下と皇后陛下の、無数の御事跡のなかから、私が特に印象に残っている出来事を、いくつか取り上げて、御紹介していきたいと思います。

硫黄島《いおうとう》の〝火の柱〟

平成の三十年を通じて、天皇皇后両陛下の御事跡《ごじせき》を語ろうとすれば、それこそ大部の書籍が何十巻あっても足りないでしょう。ですからこれからは、あくまでも私の記憶に、特に強く残っている御事跡にかぎって、お話をいたします。

まず皇后陛下のお話です。平成五年ごろ、一部の雑誌や週刊誌が、しきりに皇后陛下に対して、ネガティブなキャンペーンをくりかえしていました。

中高年の方なら、御記憶の方も多いと思います。あれほど徳の高い皇后陛下に対し、なぜそのころ、あれほど根拠のない誹謗《ひぼう》中傷《ちゅうしょう》の記事が、毎週のように週刊誌に掲載されつづけたのか、今でも不思議でなりません。しかし、二十数年前のその現象を想起しておくことは、今年からはじまる「新しい御代《みよ》」を迎える私たちにとっては、とても重大な〝心の備え〟になります。

というのも、先の「御代《みよ》がわり」の時もそうでしたが、そのあとしばらくの間は、国民の心のなかに「先帝陛下」と「先帝の皇后陛下」をお慕いする心が、まだ強く残り、一方、「今の天皇陛下」と「今の皇后陛下」をお慕いする心が、まだ薄い……という、いわば〝心の隙間《すきま》〟が生まれがちだからです。つまり今年から、〝今の天皇陛下・皇后陛下に、まだ国民が慣れていない〟という時期がはじまります。

そのような国民の〝心の隙間〟を国内・国外の〝反皇室の勢力〟が、黙って見ているはずがありません。彼らは、かならずや自分たちの暗い本音を隠し、皇室を敬愛する「保守派」のふりをしつつ、言葉たくみに〝前の天皇・皇后はよかったねぇ……、それに比べて今の天皇・皇后は……〟というキャンペーンを、さまざまな方法で展開するにちがいありません。

残念ながら〝皇室に対して敬愛の念をもつ、心のまっすぐな国民〟ほど、そういう情報工作に、うまく〝ひっかけられる〟傾向があります。現に先にも申し上げたとおり、先の「御代がわり」のあと、数年間は、そのような情報工作がメディアで盛んに行われ、その結果、多くの心ある方々が、それに〝ひっかけられる〟ことになりました。

現に私の知っている、愛国心のある立派な方が、平成の御代になっても、かたくなに「昭和」の年号を使いつづけていらっしゃいました。もしかしたらその方も、そのような情報工作に、影響をお受けになったのかもしれません。

今年からはじまる国民の〝心の隙間《すきま》〟に乗じ、たぶんネットやネット動画などでは、露骨ではなく、陰険な方法で「反皇室」の情報工作が盛んに行われるでしょう（ネット上では、すでに皇太子殿下、同妃殿下、秋篠宮殿下、同妃殿下に対する〝週刊誌的な誹謗中傷《ひぼうちゅうしょう》〟がはじまっています）。ですから私たちは、今から、そういう情報工作には、けっして惑《まど》わされないよう、しっかりと〝心の備え〟をしておかなくてはならないのです。

さて、平成五年の〝皇后陛下バッシング〟のお話ですが、それは、きわめて激しいもので、その御心労のため、とうとう皇后陛下は、お体に異変をきたされます。平成五年のお誕生日（十月二十日）の朝、お倒れになり、そのあと、お声が出なくなったのです。しかし、それでも皇后陛下は、ご公務をつづけられます。お声は、年が明けた平成六年になっても戻りません。

そのようなお体のまま、両陛下は大東亜戦争の激戦地として知られる硫黄島《いおうとう》へ、慰霊の旅をされます。平成六年二月十二日のことです。そして、硫黄島の基地庁舎のなかで、戦歿者の遺族の方々と接見されました。その時、奇跡がおこります。

東京都遺族連合会の会長に向きあわれたさい、皇后陛下のお口から、こういうお言葉が発せられたのです。

「ご遺族の方たちは、みなさんお元気でお過ごしですか」

それが、御回復後の第一声でした。場所が場所で、場面が場面です。硫黄島《いおうとう》の灼熱《しゃくねつ》地獄のなかで、祖国のため勇敢に戦い、散華《さんげ》していかれた二万百二十九柱の英霊《えいれい》たちは、両陛下の慰霊で、ようやく「神あがり(仏教でいう成仏《じょうぶつ》)」されたのではないでしょうか。そして、その皇恩にお応《こた》えするため、英霊たちは、皇后陛下のお声を取り戻してくださったのではないでしょうか。

両陛下の硫黄島での慰霊が行われたころ、硫黄島では、ほんとうに不思議な現象が起こった、という記録があります。平成十七年六月、遺骨収集に参加した福岡県在住の窪山忠成さんは、手記にこう記しています。

「収集活動期間中、寝食を共にし、毎晩のように語り合った陸上自衛隊の隊員がいたのだが、その中の一人に、所謂《いわゆる》『霊感』の強い隊員がおり……その彼から聞いた話である。平成六年、天皇陛下が皇后陛下とともに硫黄島に慰霊におこしになられた。その際、両陛下は島内の『鎮魂の丘』にお立ち寄りになられ、硫黄島の戦いで亡くなられた方々に、祈りを捧《ささ》げられた。

それまで硫黄島では、頻繁《ひんぱん》に『霊障《れいしょう》』のようなものが起きていて、『おーい』という声が聞こえたり、廊下を歩く音が聞こえたりと、それがあまりに多いので、隊員たちは困っていたという。ところが、陛下が硫黄島《いおうとう》を御訪問され、皇后陛下とともに祈りを捧《ささ》げられた、その夜、無数の多くの『火柱のようなもの』が天に登っていくのが、見えたそうである」（鈴木由充「嵐潮のうなばらこえて――今上陛下と戦後日本」・『祖国と青年』平成二十一年九月号）

この手記を紹介している鈴木由充さん自身、硫黄島での遺骨収集のさい、自衛官たちから、いろいろな「霊障」の話を聞いたそうですが、その話のあと、ある自衛官が、ポツリと、こう語ったそうです。「でもね、平成六年に天皇皇后両陛下が硫黄島に来られたことがあったでしょう。そのときに霊が、ピタッと出なくなったっていうんですよ」（同前）。

こういう話を信じるも信じないも、それは個人の自由です。たぶん今の世間では、「信じない」という人が多いでしょう。しかし、これまでの連載でお話ししてきたとおり、陛下は世界最高位の「祭り主」です。ですから私は、そのような話を聞くと、素直に「さもありなん」と思います。「祈り」には、まちがいなく「力」があります。そのことについて、科学的に研究したのが、元カリフォルニア大学のランドルフ・ビルド教授で、他にも「祈り」についての、さまざまな科学的な研究があります。それらを、私なりにまとめると、「祈り」には、およそこういう特徴があるそうです。

①ときどき祈るよりも、「寝ても覚めても祈る」方が、効果がある。②漠然とした対象に祈るよりも、具体的な対象に祈る方が、効果がある。とはいえ、祈る対象の人々がどれほど多くても、その祈りには効果がある。③経験が浅い人よりも、経験が深い人の「祈り」の方に効果がある。④順境での祈りよりも、逆境での祈りの方が、効果がある。⑤「祈り」の効果は、空間的な距離には関係しない。⑥個別で具体的な願いよりも、「最良の結果」を願う祈りの方が、効果がある。（ラリー・ドッシー著／井上圭一・井上哲彰訳『魂の再発見』）

両陛下は、いつも……具体的に……戦後という逆境の時代にあって、「寝ても覚めても」、「大御《おお み》宝《たから》」……つまり、すべての国民のため、「よかれかし」という広大無辺の祈りをささげていらっしゃいます。しかも、その祈りの「経験」は、かえりみれば神武《じん む》天皇以来のもので、いわば悠久《ゆうきゅう》の過去からつづく比類のない「経験」です。「力」がないはずがありません。もしも硫黄島《い おうとう》に、無念の思いを残されている将兵の御魂《み たま》たちがあったとしても、その御魂たちの多くは、両陛下の比類ない「祈りの力」によって、「神あがり」されたのではないでしょうか。

国を護る〝あまたの御魂《みたま》〟

両陛下は、戦歿者の御魂《みたま》を慰霊《いれい》するお歌を、数多く詠《よ》んでいらっしゃいますが、平成六年の硫黄《いおう》島《とう》への慰霊の旅でも、すばらしいお歌を詠んでいらっしゃいます。たとえば、陛下には、こういう御製《ぎょせい》があります。

「精根《せいこん》を　込め戦ひし　人未《いま》だ　地下に眠りて　島は悲しき」

硫黄島で散華《さんげ》した将兵たちを、「精根を込め戦ひし人」と、たたえてくださっているのです。つまり、これは陛下よりの「嘉賞《かしょう》」（よし、として褒《ほ》めること）のお言葉でしょう。私は、はじめてこの御製を拝読した時、「ハッ」としました。戦後の日本人が、忘れてしまっている正しい心の姿勢……、しかし、もっとも重要な心の姿勢が、はっきりと〝言《こと》あげ〟されていたからです。

私たちの立場からすれば、それは「よく戦ってくださいました。ありがとうございました」という敬意と感謝の言葉になるでしょう。「戦歿者」と聞くと、戦後の日本人は、すぐに「かわいそう」と反応し、そして「戦争はいけません」で、話が終わります。

まるで、そう反応するよう〝シツケられている〟かのようです。しかし、私たちが、まずなすべきことは、私たちの国を守るため、命をささげられた方々に対し、敬意と感謝を表することではないでしょうか。「かわいそう」は、私から見れば、きわめて〝無礼なもの言い〟です。「戦争はいけません」で話が終わるのなら、結果的に、将兵たちの勇戦奮闘《ゆうせんふんとう》のすべては〝いけないこと〟になってしまいます。ヒドイ話で、そう言っている人々は自覚していないでしょうが、それは、きわめて〝残酷《ざんこく》〟な言葉というほかありません。戦後の日本人の多くは、本人が自覚する……しないにかかわらず、そのような〝血も涙もないもの言い〟を、平気でつづけてきたわけです。

しかし、戦後のオールド・メディア(新聞・テレビ・雑誌)や教育界などの人々の多くは、それどころではありません。戦前の日本人のすべてに対して、ありもしない罪(「南京大虐殺」「従軍慰安婦の強制連行」など)を着せ、不当に罵《ののし》り……蔑《さげす》み……貶《おとし》めてきたのです。

もはや〝バチあたり〟というほかありませんが、そういう人々のせいで、今は政界、官界、学界、司法界まで、おかしくなっています。総理大臣の靖国神社の参拝は、久しくありません。直近の終戦記念日である平成三十年の八月十五日、靖国神社に参拝した閣僚は、ゼロでした。

そのような〝バチあたりな時代〟にあって、それでも、わが国が、なんとか保たれてきたのは、たぶん陛下が、「あの世」と「この世」の「仲とりもち」を、黙々とつづけてくださってきたからではないか、と私は思っています。多くの日本人が、物質的な繁栄のなかで、いつしか忘れはててしまった日本人としての正しい心の姿勢を、陛下は今も、保ちつづけてくださっているのです。

先の御製《ぎょせい》には、もう一つ大切なことが歌われています。「人未《いま》だ　地下に眠りて　島は悲しき」です。硫黄島《いおうとう》で散華《さんげ》された二万百二十九柱の英霊《えいれい》のうち、いまだ一万三千柱の御遺骨が帰還をはたせないまま、地下に眠っています。硫黄島は、外国ではありません。

それにもかかわらず、まだ御遺骨の多くが、「帰還」をはたされていない……。戦後の日本人の心の荒廃《こうはい》が、そのようなかたちとなってあらわれているわけですが、おそらく陛下は、私どもに〝御遺骨の帰還を急ぎなさい〟と、おっしゃっているのではないでしょうか。

硫黄島の慰霊のさいの、皇后陛下の御歌《みうた》も、一首あげておきましょう。皇后陛下の御歌《みうた》には、おそれながら、よほど高い信仰の境地にいらっしゃるのでは……と拝察できるものが、少なくないのですが、次の御歌もその一つです。

「慰霊地は　今安《やす》らかに　水をたたふ　如何《いか》ばかり君ら　水を欲《ほ》りけむ」

灼熱地獄《しゃくねつじごく》の硫黄島《いおうとう》の戦いで、わが国の将兵たちは、〝渇《かわ》き〟に苦しみつづけました。まず、そのことを、皇后陛下がご存じである……というところに注目すべきでしょう。

天皇陛下が、世をお治めになることを、古来の言葉では「しろしめす」と言います。「知る」という意味です。両陛下は何事でも、ご熱心に〝学び〟をつづけてこられましたが、それも「しろしめす」ためには、〝学び〟が不可欠だからでしょう。おそらく皇后陛下は、陛下とともに、硫黄島の戦闘状況についても〝知ること〟に努められ、そのため将兵たちの渇きの苦しみについても、よくご存じだったのではないでしょうか。

もちろん、両陛下の場合、〝知ること〟は、〝思いやること〟と一体のものです。おそらく皇后陛下は、慰霊地の水を見つめられた瞬間……、かつて将兵の渇きの苦しみを、ありありと感じられたにちがいありません。「いかばかり」の一語が、心に染《し》みます。皇后陛下は、かつての将兵たちの苦しみを、わが苦しみとして、受け止められたのです。

そのお言葉によって、地下に眠る将兵の御魂《みたま》は、どれだけ慰《なぐさ》められたことでしょう。まことにありがたいことです。

そもそも人は、自分の苦しみを受けとめること自体、辛《つら》いものです。しかし、その苦しみを「誰にも理解してもらえない」という辛《つら》さは、苦しみそのものより、もっと辛《つら》いものかもしれません。しかし、たとえ苦しみがあっても、誰かがそれを〝理解してくれている〟と感じる時、人は、ずいぶん〝救われる思い〟をするものです。それは、たぶん御魂《みたま》たちも同じはずで、〝救われる思い〟をさせていただいたお礼に、御魂たちは、皇后陛下のお声を取り戻してくださった……というのが、平成七年の硫黄島《いおうとう》の「奇跡」の本質なのではないでしょうか。

大東亜戦争の戦歿者は、将兵が約二百三十万人、民間人が約八十万人で、あわせて約三百十万人にのぼります。それらすべての御魂《みたま》に対して、両陛下は、祈りをささげてこられました。

次の皇后陛下の御歌《みうた》は、「戦後五十年慰霊の旅」を終えられ、平成八年にお詠《よ》みになり、翌平成九年の年頭に発表されたものです。

「海陸《うみくが》の　いづへを知らず　姿なき　あまたのみ霊《たま》　国護《まも》るらむ」

これは、まさしく靖国神社や全国の護国神社に鎮《しず》まる、すべての英霊にささげられたかの感がある、至高の御歌です。たとえ英霊の御遺族方がこの世を去られ、多くの国民が忘れていても……、あるいは英霊を罵《ののし》る〝バチあたり〟な人々がいても、両陛下だけは、「あまたの御霊」が、今も「国」

を護っている……ということを、けっしてお忘れになってはいません。

そのことによって、戦後の日本は、かろうじて、落ちるところまで落ちないですんでいるのではないか……とさえ、私は思っています。両陛下の御心《みこころ》は、私にとって、まるで天を覆《おお》う「戦後」という暗雲《あんうん》のなかから射《さ》す、一筋の光明のようです。

硫黄島《いおうとう》の慰霊のあと、両陛下は、海外の戦歿者の慰霊をはじめられます。平成十七年にはサイパン島、平成二十七年にはパラオ共和国のペリリュー島、そして平成二十八年にはフィリピン、平成二十九年にはベトナムで戦歿者の慰霊をされています。

当然のことながら、靖国神社に御親拝されたい、というお気持ちは並々ならぬものであろう……と拝察しますが、今は、近隣諸国や国内のオールド・メディア、あるいは、それらと通じているかのような特定の政治勢力からの圧力が強く、総理大臣はおろか、閣僚さえ参拝しない(できない)状態です。そのような状況で、まるで陛下に対して、〝先陣を切ってください〟といわんばかりの要求をすることなど、私には、とてもできません。

今の日本では、靖国神社に参拝した閣僚は、オールド・メディアから袋叩《ふくろだた》きにされます。もはや〝政治生命〟を賭《か》けなければ、閣僚は参拝できなくなっているのです。悔《くや》しいかぎりですが、そうなってしまったのも、つまるところは私たちの〝力〟が足りないからでしょう。そのような〝力不足〟を、私たちは英霊に対し、陛下に対し、今のところ、心よりお詫《わ》びするほかありません。

万世一系《ばんせいいっけい》の祈り

「祈ること」と「寄り添うこと」によって、両陛下は戦後という時代との、「戦い」をつづけてこられたのではないか、というお話をしてまいりました。「戦い」の一つの柱が、大東亜戦争で亡くなられた方々の御魂《みたま》を慰《なぐさ》めるための旅で、その一例として硫黄島《いおうとう》での慰霊のお話をしたわけですが、「戦い」の柱は、もう一つあります。

それは、被災地への御訪問です。平成という御代《みよ》を通じて両陛下は、思いもかけない天災で、命を落した方々の御魂《みたま》や傷ついた方々の心を、慰めつづけ、励ましつづけてこられました。

陛下の「祈り」は、そもそも宮中《きゅうちゅう》の三殿で、ひそやかに行われるものです。しかし平成二十三年、私たちは、その祈りのお姿を、テレビを通じて、毎日のように拝見しました。いうまでもありません。東日本大震災の被災地への御訪問のさい、無残なガレキを前に、深々と一礼されていた……あのお姿です。

次の年表は、そのころ私が日々、新聞に大きく、あるいは小さく載《の》っていた両陛下の御動静を、気が付くたびにパソコンに入力してつくったものです。遺漏《いろう》もあるかと思いますが、そのころ両陛下が、どれほど被災地に心を寄せていらっしゃったか、一目《ひとめ》でおわかりいただけるか、と思います。

一つひとつをたどっていくと、「ああ、そういえば……」と、そのころのことを思いだされる向きも、あるのではないでしょうか。

東日本大震災のさいの両陛下の御精励(平成二十三年三月十五日〜五月十一日)

①三月十五日……皇居の自主停電をはじめられる。
②三月十六日……天皇陛下、異例のビデオ・メッセージを発表される。
③三月二十五日…天皇陛下のご意志により、御料《ごりょう》牧場で生産された食品が、福島県の被災者に提供される。
④三月二十六日…栃木県那須の御用邸の職員宿舎の温泉風呂が、被災者に提供される。
⑤三月三十日……両陛下、避難所の東京武道館を訪問される。
⑥四月八日………両陛下、避難所になっている埼玉県・加須《かぞ》市の高校を訪問される。

⑦四月十一日……両陛下、震災後一ヵ月により、犠牲者のために祈りを捧《ささ》げられる。
⑧四月十四日……両陛下、千葉県旭市の被災地を訪問される。
⑨四月二十二日…両陛下、茨城県の被災地を訪問される。
⑩四月二十七日…両陛下、宮城県の被災地を訪問される。
⑪五月六日………両陛下、岩手県の被災地を訪問される。
⑫五月十一日……両陛下、福島県の被災地を訪問される。

被災地を訪問されるたび、必ずといってよいほど両陛下は、お二人でガレキに向かわれ、あるいは、その向こうの海に向かわれ、深々と一礼されていました。その映像は、どなたも見たことがあるはずです。私は、〝あれは、祈りのお姿である〟と確信しています。神道《しんとう》では一礼も、一つの〝祈りのかたち〟だからです。

そういえば平成十七年六月、サイパン島へ慰霊の旅におでかけになったさい、紺碧《こんぺき》の海のかなたの崖《がけ》にむかい、深々と一礼をされていた両陛下の動画が思い出されます。動画では、陛下が頭をお下げになりはじめられると、次の瞬時、皇后陛下が頭をお下げになりはじめられ、陛下が頭をお上げはじめになられると、次の瞬時、皇后陛下が頭をお上げはじめになられています。あの時の御二方の所作《しょさ》の美しさと崇高《すうこう》さは、たとえようもありません。たぶんあの動画は、平成の御代《みよ》を象徴するものとして、長く歴史に残るものとなるでしょう。

心ある日本人ならば、あの時の両陛下の後姿の向こうにある、まぶしい光の海に漂《ただよ》う〝荘厳な哀《かな》しみ〟とでもいうべきものを、感じずにはいられなかったでしょう。人が祈る姿というものは、総じて美しいものですが、あの時の両陛下の祈りのお姿ほど美しい祈りの姿を、私は他に知りません。

初代・神武《じんむ》天皇以来の、いわば〝万世一系《ばんせいいっけい》の祈り〟の一つの極地が、あの映像には、あらわれています。思えば、百二十五代の長きにわたって、神々に祈りをささげてきた〝家系〟の方が、人類の歴史上、他のどこに存在するでしょう。

その比類ない〝祈りの経験〟の深みと、高みが、あれほどの美しい所作にあらわれているのではないでしょうか。まことにそれは、人類の歴史上、ほかのどのような宗教指導者にも見られないほど、洗練されたものであり、高貴な所作ではなかったか……と、私には思われます。

たぶん両陛下は、平成二十三年の東日本大震災のさいも、被災して亡くなられた方々の御魂《みたま》に「御魂安かれ」との祈りを捧《ささ》げていらっしゃったのでしょうが、その時は、それだけではなかったでしょう。天の神々に……地の神々に……そして、海の神々に対しても、「お怒《いか》りをお鎮《しず》めください」と、祈られていたのではないでしょうか。

しかし、東日本大震災以来の連日のご精励が、陛下のお体にさわって、そののち、東大病院へ御入院という事態につながりました。そもそも、あのお歳で、あのお体で、若く屈強《くっきょう》な自衛隊員が乗るための自衛隊のヘリコプターで、しかも日帰りで、毎週のように被災地のご訪問をされていた……ということそのものが、あまりにも過酷《かこく》なお勤めでした。

「日帰り」なのは、現地の方々に迷惑をかけたくない……と思われてのことでしょう。両陛下の御《み》心《こころ》は、常に被災者とともにあります。

たぶん陛下は、被災者に「寄り添わずにはおれない」という、いわば「やむにやまれぬ」御心で、そういう強行軍をつづけられたにちがいありません。あのころの両陛下は、まさに〝身を挺《てい》して〟、国難《こくなん》にあたられていたのです。

ちなみに、平成二十三年三月十一日、東日本大震災の当日、皇居では、こういうことがありました。侍従長の川島裕さんの記録には、こうあります。

「勤労奉仕のため皇居を訪れていた団体のうち、輸送手段がないため、皇居を去ることが出来なくなった団体の人々約六十名が……皇居内の窓明殿《そうめいでん》に泊まることになり、関係部局の職員は、急遽《きゅうきょ》、夕食、寝具の準備などに忙しかった。……夕刻、侍医《じい》の一人が皇后さまの御依頼で窓明殿を訪れ、人びとの様子を診《み》、体調を崩《くず》していた女子大生に対し、処置をとることができた。

（翌十二日）この朝、皇后さまは窓明殿におもむかれた。前夜をここで過ごした勤労奉仕団の内の一団は、すでに早朝出発していたが、八時ごろに出発を予定している大学生の一団を見舞い、発熱のため、あとに残らなければならない学生一名が宮内庁病院で休めるよう、現場にいた職員に手配を依頼し、御所に戻られた」（川島裕「天皇皇后両陛下の祈り　厄災からの一週間」・『文藝春秋』平成二十三年五月号）

この話には、ここには書かれていない感動的な秘話があります。じつは「大学生の一団」というのは、皇學館大学の皇居清掃奉仕団で、「体調を崩していた女子大生」と「発熱のため、あとに残らなければならない学生一名」というのは同一人物です。あとで私は、その女子学生から直接、その時のようすを聞くことができました。そのことについては、次回お話しましょう。

無償《むしょう》の愛

平成三十一年四月一日、新しい元号が「令和」と発表されました。歴史上、はじめて国書を典拠としたものです。まことにすばらしい元号かと存じます。国民こぞって、新たな御代《みよ》のはじまりを、寿《ことほ》ぎたいものです。

なお、本稿を執筆している時点では、まだ御代はかわっておりませんが、読者の皆さまのお手もとに雑誌がとどくころには、新しい御代となっていることでしょう。そこで、この連載では以後、平成の天皇陛下のことは上皇《じょうこう》陛下、平成の皇后陛下のことは上皇后《じょうこうごう》陛下と書かせていただきます。

☆　☆

平成二十三年三月十一日、皇居の清掃奉仕を終え、東京を去るばかりとなっていた皇學館大学の学生たちは、交通機関の麻痺《まひ》のため、身動きできなくなります。しかし、まことにありがたいことに、皇居の窓明殿《そうめいでん》で一泊させていただくことになりました。

翌朝、新幹線も動きはじめ、学生たちは、他の勤労奉仕の方々とともに帰途につくのですが、一人だけ、東京に残らなければならなくなった女子学生がいました。体調を崩《くず》して、宮内庁病院に入院させていただいた学生です。

時の侍従長・川島裕さんの手記(「天皇皇后両陛下の祈り　厄災からの一週間」・『文藝春秋』平成二十三年五月号)を読むと、「体調を崩していた女子大生」と「発熱のためにあとに残らねばならない学生一名」が、別の人物かのようにも読めますが、それは同一人物です。川島さんは、上皇后陛下が、その女子学生のことを心配され、「宮内庁病院で休めるよう、現場にいた職員に手配を依頼」された……と書いていますが、じつは上皇后陛下がなさったことは、それだけではありません。

十二日の朝、宮内庁病院で休んでいた女子大生を、お見舞いくださったのです。そのことについて、当時の皇學館大学の学園報は、こう伝えています。

「(奉仕団団長・男子学生談)十二日早朝には、皇后陛下が御みずから窓明殿へ御越しくださり、『だいじょうぶですか』、『体調が悪い方はいらっしゃいませんか』と、お言葉をくださったばかりか、体調を崩し、宮内庁病院へ入院させていただいていた女子団員に、御見舞いを賜《たまわ》ったという」(『皇

學館大学学園報』・平成二十三年八月一日）

大震災で日本中が動揺《どうよう》しているなか、上皇后陛下は、おんみずから宮内庁病院に出向かれ、たった一人の女子学生を、お見舞いくださったのです。おそらく上皇后陛下は、〝若い女性の身で、知らない都市で大地震に遭遇《そうぐう》し、しかも体調を崩《くず》しているとか……。さぞや心細い思いをしていることでしょう〟と思召《おぼしめ》され、迷うことなくお出ましになられたものと、拝察します。

しかし、そこまでしていただかなくても……と、ふつうの日本人は思うでしょう。政治家ならば、そういう「パフォーマンス」をする場合もあるでしょうが、もちろん上皇后陛下が、そのようなことをなさる必要はありません。それでも、上皇后陛下は、その朝……、その場所に足を運ばれ、その女子学生に、いたわりのお言葉をかけられたのです。他の誰に、そういうことができるでしょうか。

大震災からしばらくして、私は、その女子学生から直接、その時のようすを聞いたのですが、もう……ただ感激するばかりでした。そして、「たとえ見えないところでも……たとえ報道されないところでも、両陛下は、ほんとうに一人ひとりの国民を、慈父のように……慈母のように、心から大切に思ってくださっているのだな……」という暖かい思いが、しみじみと私の心を満たしたのです。

「大御心《おおみこころ》」という言葉は、昔から知っていましたが、私は、その時はじめてそれを〝実感〟しました。その体験を語ってくれた女子学生は、今は、三十歳くらいになっているはずですが、たとえ何歳になっても、その学生は、その時の感激を生涯《しょうがい》忘れることはないでしょうし、そして話を聞いた私も、その感激を生涯忘れることはないでしょう。

女子学生をお見舞いいただいたのが三月十二日ですが、その三日後の十五日から、両陛下は「自主停電」をはじめられ、その翌十六日、まだ大震災発生から、わずか五日後に「ビデオメッセージ」を発せられました。全国民が「日本はこのまま、どうにかなってしまうのではないか……」という不安をつのらせていたあのころ、上皇陛下の「ビデオメッセージ」が、どれだけ被災者の……、そして全国民の励みになったか、読者の皆さまなら、御記憶のことかと思います。

あのころ陛下をかりたてていたのは、おそらく「祈り」から発する、かぎりなく強く清い力です。「無私の力」と言い換えてもいいかもしれません。

人というものは、肉体をもって生きている以上、完全に「私」を「無」にすることなどできませんが、「無私」に近づくことなら可能です。問題は、〝それでは私たちは今、どれだけ「無私」に近づいているのか？〟ということでしょう。

コップの水にたとえてみます。コップのなかに満々と「私」が満ちていたら、そのコップに、他のものを注ぎ込む余地はありません。しかし、それが少なければ少ないだけ、別のものを注ぐことができます。その〝別のもの〟こそ「神仏の力」なのではないか……と、私は考えています。

「神仏の力」は、この世では「無償《むしょう》の愛」となってあらわれます。「無償の愛」とは、「見返りを求めない愛」です。「与えるのみの愛」です。もちろん「愛」には、いろいろなかたちがありますが、そのなかでも、「無償の愛」は、この世で、もっとも崇高《すうこう》な「愛」といわれているものです。

古代のギリシァ語では、「アガペー」と呼ばれました。それは、ちょうど「お父さん」や「お母さん」が、わが子に注ぐ「愛」と、よく似ています。悲しいことに今は、母性や父性が崩《くず》れかけていて、そのせいで痛ましい事件がたえません。しかし、それでも今も、ふつうの「お母さん」や「お父さん」は、わが子が、たとえ「わがままな子」であろうと、「どうしようもない子」であろうと、それでも……というよりも、それであればあるほど、より愛してやみません。

「お母さん」や「お父さん」という存在の大きさ……尊さ……ありがたさ……、それも「戦後教育」では、わざと無視されてきた感があります。日教組(旧社会党系)や全教(共産党系)などに属するサヨク教師たちは、いまだに「性別」を破壊しようとする「ジェンダー・イデオロギー教育」に血道《ちみち》をあげています。

「戦後教育」で、わざと無視されてきたのは、皇室も同じことです。ただし、皇室の場合は「無視」というより、彼らから「敵視」されてきた……と言った方が、「戦後教育」の実態に、より近いでしょう。

そもそも今、「少子化」がとまらないのも、そのように母性や父性を軽視する教育が、どこかで影響しているからにちがいありません。出産や育児を、国民が単なる「負担」としかとらえられない世の中になれば、たぶん国は滅びます。

もちろん「負担」は「負担」として、可能な限り軽減する努力を、私たちは怠《おこた》ってはなりませんが、それと同時に、出産・育児は、いわば〝神仏の愛をわが身に宿す〟という、この世で最高の「歓《よろこ》び」につながっている……という考え方を、国民は今、あらためて思い出すべきでしょう。昔の人々は、よく「子宝を授かる」、「子宝に恵まれる」などと言ったものです。

いったい、どこから「授かる」のか……誰から「恵まれる」のか？　それは、いうまでもなく〝神仏から……〟ではなかったか、と思われます。

民の父母

天皇陛下、皇后両陛下は、国民の「お父さん」「お母さん」のようなもの……とは、何も私が、勝手に言っていることではありません。昔から天皇おんみずからが、そうお考えだったのです。

たとえば、第百五代の後奈良《ごなら》天皇（明応五［一四九六］―弘治三［一五五七］）が、そう明言されています。後奈良天皇は、戦国時代の天皇です。大永《たいえい》六（一五二六）年、三十一歳の時に践祚《せんそ》（天皇の崩御《ほうぎょ》と同時に皇太子が皇位を継承すること）されましたが、即位の礼を行うことができたのは、それから十年後でした。その上、大嘗祭《だいじょうさい》（大嘗会《だいじょうえ》）は、とうとう行うことができないまま、崩御《ほうぎょ》されています。

大嘗祭とは、何でしょう？　そもそも皇位継承の儀礼は、およそ三つの儀礼から成り立っています。

「践祚《せんそ》(剣璽等承継《けんじとうしょうけい》の儀)」、「即位の礼」、「大嘗祭」で、それらのうち、「神代《かみよ》の風儀をうつす」もの(一条兼良《かねよし》『御代始鈔《みよはじめしょう》』)として、古代から重視されてきたのが「大嘗祭《だいじょうさい》」です。皇居では毎年、新《にい》嘗祭《なめさい》が行われていますが、新しい天皇が即位されて最初の新嘗祭は、特に大規模に行われます。それが大嘗祭です。つまり、一連の皇位継承の儀礼は大嘗祭によって、いわば「完結」するのです。

ところが歴史上には、大嘗祭を行うことができないまま、御位《みくらい》を退かれた天皇が少なくありません。後奈良天皇もそうですが、その三百年ほど前の、第八十五代の仲恭《ちゅうきょう》天皇(一二一八—一二三四)もそうでした。

仲恭天皇は鎌倉時代の天皇ですが、四歳で即位され、大嘗祭を行わないまま、在位、わずか七十四日で譲位されています。ですから、南北朝時代の歴史書『帝王編年記《ていおうへんねんき》』には、仲恭天皇について、大嘗祭を行っていないため「世に半帝《はんてい》と称す」……つまり「世間では、半分の天皇と呼ばれている」と書かれています。

大嘗祭とは、それほど重要な儀式なのですが、戦国時代になると、皇室が経済的に衰微《すいび》をきわめ、大嘗祭を行うことができないまま……という事態が〝常態化〟してしまいます。第百四代の後柏原《ごかしわばら》天皇(一四六四—一五二六)から九代……、なんと二百二十年もの間、大嘗祭は行われていません。これは御歴代の天皇にとって、まことに御無念なことであったでしょう。その証拠に、後柏原《ごかしわばら》天皇のあとを継がれた後奈良《ごなら》天皇が、大嘗祭《だいじょうさい》を行えないことを、伊勢神宮にお詫びされた文書も残っています。

しかし、そのような過酷な時代にあっても、後奈良天皇は、国民の平安を祈りつづけられました。天文《てんぶん》八（一五三九）年、洪水と凶作が起こり、翌年には飢饉《ききん》が起こり、その上、疫病《えきびょう》が流行するなど、社会不安が増大するなか、後奈良天皇は天文九年六月、疫病の流行が終息するよう願って「般若心経《はんにゃしんぎょう》」を書写され、醍醐寺《だいごじ》に奉納されています。

後奈良天皇は、その「般若心経」の「奥書《おくがき》」（最後に書かれている一文）に、こういうことをお書きになっています。

「今年は、天下に疫病が流行《はや》り、多くの民が命を失ってしまいました。私の民の父母としての徳が、足りないからにちがいなく、私は、とても心を痛めています」

ここで後奈良天皇は、〝天皇は民の父母である〟というお考えを、はっきりとお書きになっています。そのあとも後奈良天皇は、宸筆《しんぴつ》（天皇の直筆）の「般若心経」を、二十四ヵ国の一宮に奉納されていますが、それも、すべては民の平安を祈られてのことでした。

さて、それから四百数十年ののち、昭和六十一年五月のことですが、今の上皇陛下が、まだ皇太子でいらっしゃったころ、「読売新聞」から質問を受けられ、それに文書でご回答されたことがあります。そのなかで、上皇陛下は、後奈良《ごなら》天皇の「般若心経《はんにゃしんぎょう》」の「奥書《おくがき》」について触れられています。

皇室にとって厳しい時代のなかにあっても、民の平安を祈りつづけられた後奈良天皇を、ご自身のあるべき姿として、強く意識されてのことでしょう。さらに、それから三十年ほど後の平成二十八年八月、後奈良天皇のお名前は、今度は皇太子殿下（現在の今上《きんじょう》陛下）からも発せられることになります。

平成二十八年八月といえば、上皇陛下が、いわゆる「象徴としてのお務めについての天皇陛下のお言葉」を発せられた月です。「身体の衰《おとろ》えを考慮する時、これまでのように、全身全霊をもって象徴の務めを果たしていくことが、難しくなるのではないか」とのお言葉をうかがい、多くの国民が衝撃を受けたことは、まだ記憶に新しいところでしょう。

ちょうどその月、今上陛下は、愛知県で、後奈良天皇の宸筆《しんぴつ》の「般若心経」を、ご覧になっていました。そのことについて、翌二十九年二月のお誕生日の記者会見のさい、今上陛下は、こうおっしゃっています。

「昨年の八月、私は、愛知県西尾市の岩瀬文庫を訪れた折に、戦国時代の十六世紀中頃のことですが、洪水など天候不順による飢饉《ききん》や疫病《えきびょう》の流行に心を痛められた後奈良天皇が、苦しむ人々のために、諸国の神社や寺に奉納するために自ら写経された『宸翰般若心経《しんかんはんにゃしんぎょう》』のうちの一巻を拝見する機会に恵まれました。紺色の紙に金泥《こんでい》で書かれた後奈良《ごなら》天皇の「般若心経《はんにゃしんぎょう》」は岩瀬文庫以外にも幾《いく》つか残っていますが、そのうちの一つの奥書《おくがき》には『私は民の父母として、徳《とく》を行き渡らせることができず、心を痛めている』旨《むね》の天皇の思いが記されておりました。……私自身、こうした先人のなさりようを心にとどめ、国民を思い、国民のために祈るとともに、両陛下がまさになさってお られるように、国民に常に寄り添い、人々と共に喜び、共に悲しむ、ということを続けていきたいと思います」

なぜ上皇陛下も、今上陛下《きんじょう》も、後奈良天皇について語られているのか……と、考えた時、やはり私は、戦後の皇室が、どれほど厳しい状態におかれているか……ということについて、思いをいたさざるをえません。昭和二十年から二十七年にかけ、日本を支配したGHQの行った悪行は、たんに「占領憲法」を押し付けただけではないのです。

皇室に対する過酷《かこく》な政策を、さまざまなかたちで実施しています。皇室の〝自然消滅〟を図ったとしか思えません。

たとえば、「神道指令《しんとう》」(昭和二十年十二月十五日)によって、「皇室典範」から神道的な条文が削除され、皇室祭祀《さいし》の根拠であった諸法令が消されてしまいました。そのため、皇室祭祀(宮中祭祀《きゅうちゅうさいし》)は、いまだに天皇の「私的行為」です。祭祀に奉職する職員も「私的使用人」です。ありえない話ですが、皇室の伝統的な儀式や活動は、法的には、すべて不安定な状況のまま、今も放置されているのです。

ＧＨＱは、皇室の「孤立化」も図りました。昭和二十二年十月、十一宮家が臣籍降下《しんせきこうか》へ追い込まれ、「皇室の藩屏《はんぺい》」であった「華族《かぞく》」も廃止されます。今、正統な皇位継承資格者が減少しているのは、それが原因であり、それこそが「戦後体制」の悪《あ》しき核心部分なのですから、私は旧宮家の男系男子による新宮家を、せめて数家は早急に創設しなければならない、と思っています。

ほかにも皇室財産の没収、皇室に関係する祝祭日の名称変更(もしくは廃止)、「不敬罪《ふけいざい》」の廃止など、ＧＨＱが皇室に対して行った悪行は、数え上げたら、きりがありません。要するに占領体制下で、皇室をお支えする法的、制度的、経済的な仕組みは、壊滅的ともいえるほどの打撃を受けたわけです。

ですから「戦後」という時代は、皇室にとって、戦国時代よりも過酷な時代といえます。そのような時代と、上皇陛下は雄々《おお》しく〝立ち向かい〟つづけられ、そして令和元年五月一日、その〝戦い〟は、今上《きんじょう》陛下へと受け継がれたのです。

皇恩《こうおん》に感謝

五百年の歳月を隔《へだ》てても、後奈良《ごなら》天皇の大御心《おおみこころ》と上皇陛下の大御心は同じです。思えば平成の御代《みよ》……わが国は、残念ながら東日本大震災をはじめとする天災に、しばしば見舞われましたが、そのさい、上皇陛下、上皇后陛下は、いつも「やむにやまれぬ」といった御様子で被災地を慰問されていました。

畏《おそ》れ多いことながら両陛下は、後奈良天皇のように「私の民の父母としての徳が足りないからではないか」と、自らをお責めになっていたのかもしれません。そのような「君主」が世界の歴史上、他のどこにいるでしょう(「伝説」のたぐいは除きます)。

しかし、わが国には、いつの時代も、そのような天皇がいらっしゃったのです。そして、その奇跡のようなお心の清らかさ、お心の高さを、お持ちの天皇が、いく千年にもわたり、男系継承の「万世一系《ばんせいいっけい》」でつづいているのです。それは、もう……ただの「奇跡」ではなく、「奇跡」を何十回も掛け算しても足りないほどの、人類史上、二つとない稀有《けう》な事実でしょう。いったい、なぜ、わが国のみが、そのような尊い歴史をつむぐことができたのでしょうか？

たぶん特別な「秘訣《ひけつ》」など、ないでしょう。あるとすれば、それは御歴代の日々の祈りそのものが、それにあたるのではないでしょうか。

御歴代の方々は、日々、天皇としての祈りをささげられることで、いずれも、ごく自然なかたちで、清らかで高い境地に到達されたのではないか、と思われます。そして、そのような祈りが、いくたび御代《みよ》が代わろうと、ずっとそのまま受け継がれてきたのです。伊勢神宮の式年遷宮《しきねんせんぐう》と、よく似ています。神武《じんむ》創業の御代と何も変わらない祈りが、窮《きわ》まることなく繰り返され、その結果、わが国は世界史上、稀有《けう》な歴史を、つむいでくることができたのでしょう。

天皇陛下の祈りは、自分のための祈りではありません。自分の家族や組織のための祈りでもありません。天皇陛下の祈りは、ひたすら国家と国民の平安を、ひいては人類の平安を祈るものです。ふつうの人が、そういう祈りをつづけようとしても、なかなかむずかしいでしょうし、たとえそれができる方がいたとしても、それを何世代にもわたってつづけることは、まず不可能でしょう。

しかし、天皇陛下は、いく千年にもわたってそういう祈りを、神々にささげられてこられたのです。ですから私たちも、およばずながら、その尊い祈りのお姿を、時には見ならうべきではないでしょうか。自分のこと……自分の家族のこと……自分の組織のことを祈るばかりでなく、皇室と日本の平安を、ひいては人類の平安を、意識して祈りたいものです。特に日本人なら、皇室に対する感謝の祈りを、忘れてはならないでしょう。

なぜなら、天皇陛下は、日々、私たちの幸福を祈ってくださっているからです。ですから、私たちも、それにお応《こた》えして、日々、陛下の御安泰を祈るのは、ある意味、人として当然のことではないでしょうか。

「親思ふ　心にまさる　親ごころ」というのは、吉田松陰の和歌の一節ですが、国民が、どれほど陛下のことを思っても、陛下は、それ以上に国民のことを思ってくださっています。ですから私たちは、まずは日々、「皇恩《こうおん》」に感謝をささげるべきでしょう。「皇恩」という言葉は、今は知っている人が少なくなりましたが、すべての国民が皇室からいただいている御恩のことです。私は今こそ、その言葉をよみがえらせたい、と思っています。

「皇恩」に対する感謝の心が満ちれば、自然に「聖寿万歳《せいじゅばんざい》」を祈ることもできるようになるでしょう。「聖寿万歳」という言葉も、今は知っている人が少なくなりましたが、私はその言葉も、ぜひ令和の御代《みよ》にこそよみがえらせたい、と思っています。

それとともに私たちは、近代の御歴代の天皇陛下をみならい、国のため「精魂《せいこん》を込め戦ひし人」の御魂《みたま》を、護国の英霊として堂々と称《たた》え、感謝したいと思います。その上で、護国の英霊に対して、「私たちも、およばずながら、わが国を護るため、微力を尽します」という誓いをささげるのが、日本人としての最低限の義務ではないでしょうか。

ちなみに、靖国神社から発行されている『靖国』という社報の令和元年五月号には、昭和四十四年、学習院初等科御在学中の今上《きんじょう》陛下が、神職の先導で、靖国神社の境内《けいだい》を歩まれている写真が、掲載されています。そのころまでは、天皇陛下をはじめ、皇族方が、ごくふつうに靖国神社に参拝されていたのです。それが今はできません。おそらく今上陛下は、靖国神社への御親拝が困難な今の状況を、深く憂慮されているはずです。

そういえば、今上陛下の御祖父・昭和《しょうわ》天皇は、昭和六十一年、こういう御製《ぎょせい》を詠《よ》まれています。

「この年の　この日にもまた　靖国の　みやしろのことに　うれひはふかし」

「この日」とは、八月十五日のことで、靖国神社へ御親拝ができない状態が、昭和五十年以来、すでに十年つづいている状況について、「うれひはふかし」と詠まれているわけです。そのような状況をつくった責任は、まずは政治家たちの〝腰の引けた姿勢〟にあります。しかし、その姿勢の背後には、国内外の「反日勢力」の〝圧力〟があります。令和の御代《みよ》にこそ、ふたたび天皇陛下の御親拝を実現しなければなりません。

その前提となるのは、総理大臣以下の政治家たちが、〝ごくふつうのこと〟として靖国神社に参拝しつづけることです。政治家たちには、ぜひ勇気を振《ふる》い起《おこ》してもらいたいと思います。もちろん、政治家たちだけに責任を押し付けるつもりはありません。まずは政治家たちへの「反日勢力」からの〝圧力〟を排除し、その環境を整えなければなりませんが、その最終的な責任は、私たち国民にあります。

私たちが、御歴代の天皇陛下に見ならうべきことを、もう一つあげておきましょう。それは、天災で被災された方々へ心を寄せる……ということです。そのことについて、たとえば、皇后陛下は、平成二十四年の歌会始《うたかいはじめ》からはじまり、同二十六年、同二十八年、同三十年と、一年おきに被災地に関する御歌《みうた》を発表されています。

上皇陛下は、東日本大震災から五日後の平成二十三年三月十六日に発された「おことば」のなかで、「国民一人びとりが、被災した各地域の上にこれからも長く心を寄せ、被災者と共にそれぞれの地域の復興の道のりを、見守り続けていくことを、心より願っています」とおっしゃっています。皇后陛下は、上皇陛下のその「おことば」を、謙虚に、かつ生真面目《きまじめ》に実行されてきたわけです。

その事実は、もっと広く知られてもいいことでしょう。ですから私たちも、近ごろ毎年のように襲《おそ》ってくる天災で、被災された方々に対して、自分のできる範囲で、できるかぎりの支援をすべきでしょう。私たちは、みな同胞……、陛下の「赤子《せきし》」だからです。

そう考えてくると、私たちがなすべき大切なことは、その他にもいろいろとあるような気がします。たとえば、〝日本人らしい心〟を失っている人々に、それを取り戻してもらえるよう、声をかけていくことも大切なことでしょう。

今の日本には、本来の日本人なら当然もっているべき、敬神《けいしん》や尊皇《そんのう》の心を失っている悲しい方々が、少なくありません。そういう人々に声をかけて、過去を悔《く》い改《あらた》めていただき、敬神や尊皇の心を取り戻してもらうことは、何よりも、その方々のためになることです。

なぜなら、その方々のほとんどは、「日本に生まれたことを歓《よろこ》べない方々」で、そういう方々が、「日本に生まれたことを歓べる方々」に変われば、まずその方々自身が「幸福」になるからです。それはそれで一つの立派な〝人助け〟といえるのではないでしょうか。

男系（父系）継承

令和の御代《みよ》がはじまって、しばらく経《た》ちます。ここで、あらためて平成の御代を、ふりかえってみましょう。

上皇陛下、上皇后陛下の御事跡は、多岐《たき》にわたって、しかも膨大《ぼうだい》ですから、とても一言でいいあらわすことはできません。この連載では、戦歿者慰霊の旅と、被災地慰問の旅の、ごく一端をとりあげただけですが、そもそも両陛下は、それらの〝祈りの旅〟をはじめとする、さまざまなお務めを通して、何を実現しようとされてきたのでしょうか？

これは、私なりの推測にすぎませんが、おそらく両陛下は、わが国に、〝分裂〟のかわりに〝統合〟をもたらし、〝対立〟のかわりに〝和解〟をもたらそうとされてきたのではないでしょうか。つまり、その御志《おこころざし》は「統合と和解」にあった、と思います。

近代社会では、ともすれば人々の間に〝分裂〟と〝対立〟が生じます。〝中央と地方〟〝男性と女性〟〝富裕層と貧困層〟など……、世の中に〝分裂〟と〝対立〟の要因は、数かぎりなくあります。

問題なのは、それらを煽《あお》り立て、わが国に〝混乱〟を起そうとする人々が少なくない、ということです。両陛下は、〝分裂〟と〝対立〟の動きに対して御在位中、抗《こう》しつづけてこられました。そして、そのかわりに「統合と和解」を、わが国にもたらそうと、努めつづけてこられたのです。それは、言葉をかえていえば、〝憎しみ〟のかわりに〝愛〟を……、〝争《あらそ》い〟のかわりに〝許し〟をもたらすことであった、ともいえるでしょう。

平成の御代《みよ》を通じ、両陛下はそれを、みごとになしとげられてこられました。それが可能だったのは、上皇陛下の御身《おんみ》に「祈りの力」が満ちていたからにちがいありません。

上皇陛下が、皇室(宮中《きゅうちゅう》)祭祀《さいし》に、とても御熱心であったということは、広く知られています。たとえば、平成十七年の「歳旦祭《さいたんさい》」にさいして、お詠《よ》みになった御製《ぎょせい》は、こういうものです。

「明け初《そ》むる　賢所《かしこどころ》の　庭の面《も》は　雪積む中に　かがり火赤し」

厳しい寒さのなかでも「国」と「民」の平安を、ひたすら祈りつづけられるところから、〝分裂のかわりに統合〟をもたらし、〝対立のかわりに和解〟をもたらす、底知れぬ尊いお力が生まれたのでしょう。

しかしそれでも、わが国には、なおも上皇陛下とは、まったく逆に〝統合ではなく分裂〟を、〝和解ではなく対立〟をもたらそうとする邪悪な人々が少なくありません。オールド・メディアと、それに煽《あお》られる政治家たちは、その典型です。

皇室に関することで今、私が案じているのは、令和の御代《みよ》に入って特に目立ってきた「女性天皇・女系天皇」「女性宮家」の推進論と、秋篠宮家バッシングです。私は両者は、じつは一体のものではないか、と見ています。

つまり両者には、建国以来の〝皇統の男系(父系)継承の伝統〟を、断絶させよう……という恐ろしい意図が共通しているのです。たとえば、立憲民主党と共産党は、「女性天皇・女系天皇」を主張していますが、「天皇制廃止」の旗を、まだ降ろしていない共産党が、なぜ「女性天皇・女系天皇」を推進しようとするのか……、その意図は明らかでしょう。

「天皇制廃止」のためには、それが、もっとも〝近道〟と考えているからにちがいありません。国民民主党が推進しているのが、「女性天皇」です。「愛子内親王を天皇に！」という主張のようですが、とすれば……秋篠宮皇嗣《こうし》殿下や悠仁《ひさひと》親王殿下は、どうなるのでしょう。正統な男系男子の皇位継承者を〝廃嫡《はいちゃく》せよ〟とでもいうのでしょうか。

私は平成十四年から〝皇統は建国以来、男系(父系)で継承されてきており、その伝統は何としても護持《ごじ》しなければならない〟と表明しつづけています。それについては、さまざまなところで書いたり語ったりしてきたので、ここでは、もう繰り返しません（ご興味のある方は、講演録『永遠なる日本のために――〝女系天皇〟は天皇といえるのか』［四柱神社・平成十八年］、鼎談本《ていだんぼん》『日本を虐《しいた》げる人々』［PHP研究所・平成十八年］、拙著『日本は天皇の祈りに守られている』［致知出版社・平成二十五年］などを参照してください）。

しかし、それらの本を書いた後、あらためて私は、もう一つ……とても大切なことに気がつきました。それは、〝皇室は神代《かみよ》から男系（父系）継承〟ということです。『古事記』をもとに、イザナギの命《みこと》から神武《じんむ》天皇までの「系図」をつくると、こうなります。「イザナギの命《みこと》―スサノヲの命《みこと》―アメノオシホミミの命《みこと》―ニニギの命《みこと》―ホオリの命《みこと》―ウガヤフキアヘズの命《みこと》―神武天皇」。みごとに男系（父系）継承です。

これは、いわゆる「天孫系《てんそんけい》」の神々の「系図」ですが、「出雲系《いずもけい》」の神々の「系図」も男系（父系）継承です。いずれにせよ天皇は、神代の昔から今上《きんじょう》陛下にいたるまで、男系（父系）で万世一系《ばんせいいっけい》なのです。

こういう真実を、もっともよく理解していたのが、わが国の歴史上、日本研究では「不世出の天才」といわれる本居宣長《もとおりのりなが》です。宣長は、こう書いています。

「天皇は、もとから真に尊い。その根拠は、『徳』などというものによるのではありません。何より『種』にもとづくものなのです。ですから下に、どれほど『徳』のある者がいたところで、取ってかわることなどできません。それは、何万年もの未来まで、同じことです」（『くず花』・現代語訳は松浦）

そういえば……、近代日本で『皇統譜《こうとうふ》』がつくられるまで、〝皇室の系図〟として、もっとも権威のあったのが、『本朝皇胤紹運録《ほんちょうこういんじょううんろく》』という本ですが、その「皇胤《こういん》」という言葉に御注意ください。「皇胤」は「天皇」の「胤（たね）」という意味です。そのように古来の皇室系図でも、そして本居宣長《もとおりのりなが》も、「たね」という言葉で、皇室が男系（父系）継承であることを、はっきりと指摘しています。それを覆《くつがえ》そうという人々は、たとえご本人がどう思っていようと、実質的には「共産党のお仲間」です。

ただし、今時《いまどき》の「共産党のお仲間」がやっかいなのは、「私は保守派」という仮面をかぶっていることです。そういう人は表向き「皇室の未来のため……」という看板をかかげていて、それに騙《だま》される人も多いのですが、じつは彼らは、皇室を「消滅」させるための〝情報工作〟をつづけているのです。

昭和四十一年、大東亜戦争時の陸軍の名将・今村均《ひとし》さんは、こう書いています。

「昭和三十五年の日米安保改定のさい……中共の対日工作員である陳宇《ちんう》氏は、わが共産党である日教組の大幹部である赤津益三《あかつますぞう》氏に対し、暗号電報により六月一日『われわれは、このたびの諸君の勇敢なる革新活動に大きな敬意を表する。しかし、貴国の革新は、民族をして皇室と神社とより、離隔《りかく》せしめないかぎり、その実現は至難と思う』というような指令を打電した」(『修親』昭和四十一年一月号)

つまり、シナの共産党から日本の共産主義者に対し、「日本に共産革命を起すため、諸君は、まず皇室と神社から、日本人の心を離反させなければならない」という指令が出ていたのですが、それが戦後の出来事であることに驚きます。たぶんその指令は今も生きていて、それが近ごろの「女性天皇・女系天皇」、あるいは「女性宮家」などの主張の背後にあるのかもしれません。

令和の御代《みよ》にも、わが国の前途には、さまざまな試練が待ち受けていることでしょう。しかし、皇室さえ正しく護持《ごじ》されていれば、皇国《こうこく》(日本)は、どのような試練も乗り越え、「何万年もの未来まで」つづくにちがいありません。

問題は、その皇室を「消滅」させようという勢力が今、国の内外に多数いて、狡猾《こうかつ》な〝情報工作〟をつづけている……ということです。今を生きる日本人として、私たちには正しい知識をもとに勇気をふるい、何としても男系(父系)継承の原則を護持し、それを「天壌無窮《てんじょうむきゅう》」に伝えていく、神聖な使命があります。